Trains ❋ Trenes

By/Por NADIA HIGGINS
Illustrated by/Ilustrado por SR. SÁNCHEZ
Music by/Música por SALSANA MUSIC

CANTATA
LEARNING

WWW.CANTATALEARNING.COM

CANTATA
LEARNING

Published by Cantata Learning
1710 Roe Crest Drive
North Mankato, MN 56003
www.cantatalearning.com

Library of Congress Cataloging-in-Publication Data
Names: Higgins, Nadia, author. | Sanchez, Sr., 1973– illustrator. | Higgins,
    Nadia. Trains. | Higgins, Nadia. Trains. Spanish. | Salsana Music.
    composer.
Title: Trains / by Nadia Higgins ; illustrated by Sr. Sanchez ; music by
    Salsana Music = Trenes / por Nadia Higgins ; ilustrado por Sr. Sanchez ;
    musica por Salsana Music.
Other titles: Trenes
Description: North Mankato, MN : Cantata Learning, [2019] | Series: Machines!
    / las maquinas! | Audience: Ages 6–7. | Audience: K to grade 3. |
    Includes bibliographical references. | English and Spanish.
Identifiers: LCCN 2018026138 (print) | LCCN 2018036575 (ebook) | ISBN
    9781684103614 (eBook) | ISBN 9781684103416 (hardcover) | ISBN
    9781684103775 (pbk.)
Subjects: LCSH: Railroad trains--Juvenile literature. | CYAC: Railroad
    trains. | LCGFT: Instructional and educational works.
Classification: LCC TF148 (ebook) | LCC TF148 .H54 2019 (print) | DDC
    625.2--dc23
LC record available at https://lccn.loc.gov/2018026138

Book design and art direction: Tim Palin Creative
Production assistance: Shawn Biner
Editorial direction: Kellie M. Hultgren
Music direction: Elizabeth Draper
Music arranged and produced by Salsana Music

Printed in the United States of America.
0412

ACCESS THE MUSIC!
SCAN CODE WITH MOBILE APP
CANTATALEARNING.COM

TIPS TO SUPPORT LITERACY AT HOME

Daily reading and singing with your child are fun and easy ways to build early literacy and language development.

USING CANTATA LEARNING BOOKS AND SONGS DURING YOUR DAILY STORY TIME

1. As you sing and read, point out the different words on the page that rhyme.

2. Memorize simple rhymes such as Itsy Bitsy Spider and sing them together.

3. Use the critical thinking questions in the back of each book to guide your singing and storytelling.

4. Follow the notes and words in the included sheet music with your child while you listen to the song.

5. Access music by scanning the QR code on each Cantata book. You can also stream or download the music for free to your computer, smartphone, or mobile device.

Devoting time to daily reading shows that you are available for your child. Together, you are building language, literacy, and listening skills.

Have fun reading and singing!

CONSEJOS PARA APOYAR LA ALFABETIZACIÓN EN EL HOGAR

Leer y cantar diariamente con su hijo son maneras divertidas y fáciles de promover la alfabetización temprana y el desarrollo del lenguaje.

USO DE LIBROS Y CANCIONES DE CANTATA DURANTE SU TIEMPO DIARIO DE LECTURA DE CUENTOS

1. Mientras canta y lee, señale las diferentes palabras en la página que riman.

2. Memorice rimas simples como Itsy Bitsy Spider y cántenlas juntos.

3. Use las preguntas críticas para pensar en la parte posterior de cada libro para guiar su canto y relato del cuento.

4. Siga las notas y las palabras en la partitura de música incluida con su hijo mientras escuchan la canción.

5. Acceda la música al escanear el código QR en cada libro de Cantata. Además, puede transmitir o bajar la música gratuitamente a su computadora, teléfono inteligente o dispositivo móvil.

Dedicar tiempo a la lectura diaria muestra que usted está disponible para su hijo. Juntos, están desarrollando el lenguaje, la alfabetización y destrezas de comprensión auditiva.

¡Diviértanse leyendo y cantando!

Clackety-clack. Wheels are rolling. *Whoo-whoo!* A whistle blows. *Ding-ding-ding!* Bells clang at the railroad crossing. Trains are on the move. There are two main kinds of trains. Passenger trains carry people. **Freight** trains **haul** stuff. Either way, trains travel far and wide.

Are you ready to learn more about trains? Turn the page and sing along!

Traca, traca. Las ruedas giran. *¡Chuu-chuu!* Suena un silbato. *¡Tilín, tilín, tilín!* Tocan las campanas en el cruce de ferrocarril. Los trenes están en movimiento. Existen dos tipos diferentes de trenes. Los trenes de pasajeros transportan personas. Los trenes de **carga acarrean** cosas. En cualquier caso, los trenes viajan por todas partes.

¿Estás listo para aprender más sobre los trenes? ¡Da vuelta la página y canta la canción!

Can you see it down the tracks?
Can you hear the whistle blow?
With a screech, the train pulls in.
All **aboard**! It's time to go!

¿Lo puedes ver en las vías?

¿Puedes escuchar su silbato?

Con un chirrido, el tren se detiene.

¡Todos **abordo**, que sale en un rato!

Through the city, past the fields,
ding-ding-ding and *clickety-clack*.
Over bridges, down dark tunnels,
trains keep chugging down the track.

Por la ciudad y por los campos,
tilín, tilín y *traca, traca*.
Sobre puentes, por túneles oscuros,
el tren por las vías avanza.

The **locomotive** leads the way.

It pulls the other cars in tow.

The train rolls steady on its tracks.

They guide it where it needs to go.

La **locomotora** dirige el camino

y tira de los otros vagones.

El tren rueda seguro en sus vías

que lo guían en sus excursiones.

Through the city, past the fields,
ding-ding-ding and *clickety-clack*.
Over bridges, down dark tunnels,
trains keep chugging down the track.

Por la ciudad y por los campos,
tilín, tilín y *traca, traca*.
Sobre puentes, por túneles oscuros,
el tren por las vías avanza.

Feel a freight train rumble past.

Count the cars passing the road.

Ten cars, twenty, fifty more:

this train hauls a hefty load.

Siente al tren de carga pasar con estruendo.

¿Cuántos vagones ves por la calle pasar?

Diez vagones, veinte, cincuenta más:

qué carga tan pesada debe acarrear.

Through the city, past the fields,
ding-ding-ding and *clickety-clack*.
Over bridges, down dark tunnels,
trains keep chugging down the track.

Por la ciudad y por los campos,
tilín, tilín y *traca, traca.*
Sobre puentes, por túneles oscuros,
el tren por las vías avanza.

Take a train across the land.

Curl up in a sleeper car.

Lean your head against the window.

Stay up late and count the stars.

Toma un tren para un viaje largo.

Acurrúcate en el vagón dormitorio.

Descansa tu cabeza contra la ventanilla.

Cuenta las estrellas y mira como brillan.

19

Through the city, past the fields,
ding-ding-ding and *clickety-clack*.
Over bridges, down dark tunnels,
trains keep chugging down the track.

Por la ciudad y por los campos,
tilín, tilín y *traca, traca.*

Sobre puentes, por túneles oscuros,
el tren por las vías avanza.

SONG LYRICS
Trains / Trenes

Can you see it down the tracks?
Can you hear the whistle blow?
With a screech, the train pulls in.
All aboard! It's time to go!

¿Lo puedes ver en las vías?
¿Puedes escuchar su silbato?
Con un chirrido, el tren se detiene.
¡Todos abordo, que sale en un rato!

Through the city, past the fields,
ding-ding-ding and *clickety-clack*.
Over bridges, down dark tunnels,
trains keep chugging down
    the track.

Por la ciudad y por los campos,
tilín, tilín y *traca, traca*.
Sobre puentes, por túneles oscuros,
el tren por las vías avanza.

The locomotive leads the way.
It pulls the other cars in tow.
The train rolls steady on its tracks.
They guide it where it needs to go.

La locomotora dirige el camino
y tira de los otros vagones.
El tren rueda seguro en sus vías
que lo guían en sus excursiones.

Through the city, past the fields,
ding-ding-ding and *clickety-clack*.
Over bridges, down dark tunnels,
trains keep chugging down
    the track.

Por la ciudad y por los campos,
tilín, tilín y *traca, traca*.
Sobre puentes, por túneles oscuros,
el tren por las vías avanza.

Feel a freight train rumble past.
Count the cars passing the road.
Ten cars, twenty, fifty more:
this train hauls a hefty load.

Siente al tren de carga pasar con
    estruendo.
¿Cuántos vagones ves por la calle
    pasar?
Diez vagones, veinte, cincuenta más:
qué carga tan pesada debe acarrear.

Through the city, past the fields,
ding-ding-ding and *clickety-clack*.
Over bridges, down dark tunnels,
trains keep chugging down
    the track.

Por la ciudad y por los campos,
tilín, tilín y *traca, traca*.

Sobre puentes, por túneles oscuros,
el tren por las vías avanza.

Take a train across the land.
Curl up in a sleeper car.
Lean your head against the window.
Stay up late and count the stars.

Toma un tren para un viaje largo.
Acurrúcate en el vagón dormitorio.
Descansa tu cabeza contra la
    ventanilla.
Cuenta las estrellas y mira como
    brillan.

Through the city, past the fields,
ding-ding-ding and *clickety-clack*.
Over bridges, down dark tunnels,
trains keep chugging down
    the track.

Por la ciudad y por los
    campos,
tilín, tilín y *traca, traca*.
Sobre puentes, por
    túneles oscuros,
el tren por las
    vías avanza.

Trains / Trenes

Americana
Salsana Music

Verse / Verso

C

1. Can you see it down the tracks? Can you hear the whis-tle blow? With a screech, the train pulls in.

C G C F G C

All a-board! It's time to go! ¿Lo pue-des ver en las ví-as? ¿Pue-des es-cu-char su sil-ba-to? Con

F7 C G C

un chi-rri-do, el tren se de-tie-ne. ¡To-dos a-bor-do, que sa-le en un ra-to!

Chorus / Estribillo F G C G Amin F D7

Through the cit-y, past the fields, ding-ding-ding and click-et-y-clack. O-ver bridg-es, down dark tun-nels, trains keep

G G/F C/E F G C G Amin F D7

chug-ging down the track. Por la ci-u-dad y por los cam-pos, ti-lín, ti-lín y tra-ca, tra-ca. So-bre puen-tes, por tú-ne-les os-

G C C7 F G C C7 [1, 2, 3.] F G [4.] F G C G C

cur-os, el tren por las ví-as a-van-za.

Verse / Verso 2
The locomotive leads the way.
It pulls the other cars in tow.
The train rolls steady on its tracks.
They guide it where it needs to go.

La locomotora dirige el camino
y tira de los otros vagones.
El tren rueda seguro en sus vías
que lo guían en sus excursiones.

Chorus / Estribillo

Verse / Verso 3
Feel a freight train rumble past.
Count the cars passing the road.
Ten cars, twenty, fifty more:
this train hauls a hefty load.

Siente al tren de carga pasar con estruendo.
¿Cuántos vagones ves por la calle pasar?
Diez vagones, veinte, cincuenta más:
qué carga tan pesada debe acarrear.

Chorus / Estribillo

Verse / Verso 4
Take a train across the land.
Curl up in a sleeper car.
Lean your head against the window.
Stay up late and count the stars.

Toma un tren para un viaje largo.
Acurrúcate en el vagón dormitorio.
Descansa tu cabeza contra la ventanilla.
Cuenta las estrellas y mira como brillan.

Chorus / Estribillo

GLOSSARY / GLOSARIO

aboard—on a train
abordo—en un tren

freight—goods, such as coal, cars, or food, that are carried by trains
carga—bienes, como carbón, autos o alimentos que son transportados por trenes

haul—to carry
acarrear—llevar

locomotive—the part of the train that gives it power
locomotora—la parte del tren que le da su fuerza

CRITICAL THINKING QUESTION

If you were a train, would you haul freight or passengers? Draw a picture of what you would look like. Then act like the train. Chug up a mountain and over a bridge. Roll through a tunnel. Blow your whistle and screech to a stop. Let's see your moves!

PREGUNTA DE PENSAMIENTO CRÍTICO

Si fueras un tren, ¿acarrearías una carga o pasajeros? Haz un dibujo sobre cómo te verías. Luego, actúa como el tren. Sube sin prisa la montaña y pasa sobre un puente. Rueda a través de un túnel. Sopla tu silbato y detente con un chirrido. ¡Muéstranos tus movimientos!

FURTHER READING / OTROS LIBROS

Glaser, Rebecca Stromstad. *Trains.* Minneapolis: Bullfrog Books, 2013.

Knapman, Timothy. *Follow the Track All the Way Back.* Somerville, MA: Candlewick, 2017.

Prior, Jennifer. *¡Todos a bordo!: Cómo funcionan los trenes.* North Mankato, MN: Capstone, 2018.

Spaight, Anne J. *Trains on the Go.* Minneapolis: Lerner, 2017.